U0112554

闽人智慧

福州卷

言之有理

中共福建省委宣传部
中共福建省委讲师团　编

海峡出版发行集团
福建人民出版社

"闽人智慧：言之有理"丛书编委会

目录

信念篇

主要收录有关理想、信念、立志、自强的民谚、俗语。

扫码听音

求土三分利，
求人无志气

【注释】　求土：向土地求收益。

【句意】　向土地求产出的话尚有三分的利润，求他人的话是没有志气的。

【运用】　用于表述与其求人，不如自己努力，总会有些收获的。

福州方言

日头落去固有月

扫码听音

【注释】 日头：太阳；固：还。

【句意】 太阳落山了，还会有月亮出来照明。

【运用】 用于表述希望永远存在。

福州方言

扫码听音

剃刀磨倒松柏树

【注释】　松柏树：松树。

【句意】　小小的剃刀，如果用它锲而不舍地磨，
　　　　　也能把松树磨倒。

【运用】　用于寓指有志者事竟成。意同"只要功
　　　　　夫深，铁杵磨成针""滴水穿石"。

福州方言

路头好行，
路尾难成

扫码听音

【注释】　行：走；成：走到底。

【句意】　做事好比走路，刚上路是比较容易的，但很难坚持走到尽头，有"行百里者半九十"之意。

【运用】　可用于表述做事要持之以恒，坚持到底才能胜利。

福州方言

扫码听音

肯做有搏

【注释】　有搏：有得拼。

【句意】　努力做，就有希望成功。

【运用】　用法相当于"爱拼才会赢"。

福州方言

靠亲靠戚，
目滓会滴

扫码听音

【注释】　目滓：眼泪。

【句意】　做事单纯依赖亲友是要流泪的。

【运用】　用于表述要自立自强，不要倚靠别人。

福清方言

扫码听音

有心拍石石会穿

【注释】　拍石：凿石头；穿：打通。

【句意】　用心凿，石头也会被打穿。

【运用】　用法相当于"世上无难事，只怕有心人"。

福清方言

卜做元帅头着戳銮

扫码听音

【注释】　卜：想要；元帅：元帅公，一种泥菩萨；
　　　　　着：应该；銮：窟窿。

【句意】　想做元帅公，脑袋得凿个窟窿。

【运用】　用于表述想出类拔萃就必须有历经磨难、
　　　　　愿意付出的心理准备。

福清方言

扫码听音

做鲎桸赡惊乞汤烫

【注释】 鲎桸：鲎壳做的勺子；赡：不会；惊：
害怕；乞：给，被。

【句意】 做鲎桸就不要怕被热水烫。

【运用】 用于表述成大事者要经得起考验、豁得
出去。

底伮生底伮好

扫码听音

【注释】　底伮：哪儿。

【句意】　哪里出生就认为哪里好。

【运用】　用于表述每个人都热爱自己的家乡。

主要收录有关方向、立场、站位的民谚、俗语。

扫码听音

卜想家道兴，
全厝一条心

【注释】　卜：想要；全厝：全家。

【句意】　想要家道兴，全家一条心。

【运用】　用于表述一个家庭或是一个团体，必须
　　　　　保持统一的思想意志，才能稳定兴盛。

福州方言

上半暝肖鸡，
下半暝肖鸭

扫码听音

【注释】　半暝：半夜；肖：属（生肖）。

【句意】　上半夜属鸡，下半夜属鸭。

【运用】　用于讽刺人的想法多变或立场不坚定。

福州方言

扫码听音

哥哩趁饭养哥嫂，
弟哩趁饭养弟人

【注释】　趁饭：赚吃饭钱；哥嫂：嫂子；弟人：
　　　　　弟媳妇。

【句意】　哥哥赚一碗饭养嫂子，弟弟赚一碗饭养
　　　　　弟媳。

【运用】　用于表述每个人都有各自的责任和义务。

福州方言

亲帮亲，
邻帮邻，
细作帮度绳

扫码听音

【注释】 细作：指制作家具的木匠；度绳：指建
筑房屋的木匠。

【句意】 亲戚帮助亲戚，邻里帮忙邻里，木匠帮
忙木匠。

【运用】 用于表述亲友、邻里、同行需要互相帮助。

福清方言

扫码听音

食人饭，
替人掇

【注释】 食：吃；掇：做事。

【句意】 吃人家的饭，就要替人家干活儿。

【运用】 用于表述要忠于职守，用法相当于"食人之禄，忠人之事"。

福清方言

风台拍秈也会拍秫

扫码听音

【注释】　风台：台风；秈：水稻；秫：糯米。

【句意】　台风来了，既会损坏一般水稻，也会损坏糯米。

【运用】　可用于表述在困难、考验面前，所有人利害相关，一荣俱荣，一损俱损。

福清方言

扫码听音

输人莫输阵

【注释】　莫：不；阵：群体，气势。

【句意】　即使一个人输了，也不能输了阵势。

【运用】　可用于表述条件再差也要尽全力，保持
风度和气势，不能使自己和所代表的集
体遭人看轻。

福清方言

手掌指拗里莫拗出

扫码听音

【注释】　手掌指：手指头；里：向内。

【句意】　手指头向内拗不会向外拗，这是客观事实。

【运用】　用于表述人都有袒护自己人的倾向。也可用于劝告他人应该站稳立场，不要背离自己所属的集体（不要胳膊肘往外拐）。

福清方言

扫码听音

离井莫离乡，
离祖莫离腔

【注释】　井：古制八家为井，引申为家宅；祖：祖居地，故乡；腔：乡音。

【句意】　即使离开家宅，也不要忘记家乡；即使离开祖居地，也不要忘了乡音。

【运用】　可用于表述做人不可忘本，乡情乡音不可丢。

七溜八溜，
不离福州

扫码听音

【注释】　溜：闲逛，玩耍。

【句意】　尽管到过许多地方，但还是离不开福州。

【运用】　用于表达福州人对故土的眷恋。

主要收录有关民本、人本思想理念的民谚、俗语。

单竹硞成排

【注释】　硞：不会。

【句意】　一根竹子做不成竹排。

【运用】　用于表述团结才有力量，要善于汇聚群
　　　　　众的力量。

福州方言

城里灯笼乡下骨

扫码听音

【注释】　骨：灯笼内部的竹支架。

【句意】　城里灯笼（虽然华贵，但）骨架子是用
乡下竹篾编的。

【运用】　可用于表述城市的繁荣离不开农村的支持。

福州方言

扫码听音

做田着有好田边，
住厝着有好厝边

【注释】　做田：种田；着：要，应该；厝边：街坊邻居。

【句意】　田地特别是梯田一定要有好的田埂，可以起到保土保水的作用；生活中要有好的邻居，关键的时候可以给予帮衬。

【运用】　用于表述维持好同周边群众的关系对个人的成长、事业的成功非常重要。

福州方言

有理无理，
𣍐瞒乡里

扫码听音

【注释】 𣍐：不会，不能。

【句意】 有没有道理，瞒不过乡里。

【运用】 用于表述人和事物的好坏瞒不过身边群
众的眼睛。意同"群众的眼睛是雪亮的"。

福清方言

一人莫如两人计

【注释】　莫如：不如。

【句意】　一个人不如两个人有办法。

【运用】　用于表述要善于调动、运用群众的智慧来谋事。意近"三个臭皮匠，赛过诸葛亮"。

福清方言

未求财，
先求伴

扫码听音

【注释】　伴：合作伙伴。

【句意】　在准备做生意之前，首先要选择好合作
　　　　　伙伴。

【运用】　用于表述要有良好的合作团队，只有群
　　　　　策群力，发挥集体的智慧和力量，事业
　　　　　才能顺利发展。

劝学篇

主要收录有关学习的民谚、俗语。

扫码听音

爹会奶会
不如自家会

【注释】　奶：母亲；会：有能耐，有本事。

【句意】　爸妈有本事不如自己有本事。

【运用】　用于表述年轻人贵在自立，要掌握技艺在手，不要过分依赖父母过日子。

福州方言

学好三年半，
学坏三日半

扫码听音

【句意】　学好需要三年半，学坏只要三日半。（养成好习惯难，养成坏习惯易。）

【运用】　用于表述要头脑清醒，明辨是非，提醒自己积极向善，防止犯错。

福州方言

扫码听音

水浸石头滥，怀滥也滑落

【注释】　滥：湿；怀：不；滑落：滑。

【句意】　被水浸泡久了，石头会湿，即使看上去不湿（长青苔），也会变得滑溜。

【运用】　用于表述做事为学持之以恒，终有成效。

福州方言

乞食艺也着学

扫码听音

【注释】 乞食：乞丐；艺：技能；着：要。

【句意】 连乞丐乞讨的技能都要经过学习才能
得到。

【运用】 用于表述任何技能都需要努力学习。

福州方言

扫码听音

读猃完世间书，
行猃完世间路

【注释】　猃：不；行：走。

【句意】　读不完世间书，走不完世间路。

【运用】　用于表述学无止境，要活到老，学到老。

福州方言

油水甜甜，
不如笔头尖尖

扫码听音

【句意】　油水：美食。

【句意】　再香甜的美食也比不上尖尖的笔头。

【运用】　用于表述不要光想着物质享受，要注重
　　　　　知识的汲取。

福州方言

扫码听音

字无百日工

【注释】　工：工夫。

【句意】　学写字仅仅一百天是学不好的。

【运用】　用于表述学习需要长期积累。

福州方言

锄头罔使罔金，学问罔钻罔深

扫码听音

【注释】 罔……罔……：越……越……；金：发亮。

【句意】 锄头越用越锃亮，学问越钻越精深。

【运用】 用于表述学问需要认真钻研。

福州方言

扫码听音

刀钝着磨，
人愚着学

【注释】　着：要，应该；愚：笨。

【句意】　刀子钝了就要磨，人笨就要学习。

【运用】　用于表述学习使人摆脱愚钝。

福州方言

后生尽作怪，
老哩做受怪

扫码听音

【注释】　后生：年轻；尽：全，都；受怪：可怜。

【句意】　年轻时不干正事，尽做些不着边际的事，老了就可怜了。

【运用】　用法类似于"少壮不努力，老大徒伤悲"。

福清方言

扫码听音

食九十九
着问一百零一

【注释】　食：吃饭，这里指活到；着：得，应该。

【句意】　活到九十九岁还得去请教一百零一岁的
老者。

【运用】　用于表述活到老，学到老。

福清方言

做别人事，
学自家艺

扫码听音

【注释】　自家：自己。

【句意】　帮别人做事情，自己也学到了手艺。

【运用】　用于劝人多学习，提高自己的本领。

为善篇　主要收录劝人向善的民谚、俗语。

扫码听音

让人三分未叫输

【注释】　未叫：不能算。

【句意】　主动让人三分不能算输。

【运用】　用于表述要学会谦让。

福州方言

金厝边，
银乡里

扫码听音

【注释】 厝边：邻居。

【句意】 邻居好比是金子，乡亲好比是银子。

【运用】 用于表述要重视邻里关系。

福州方言

扫码听音

疼囝疼孙长长长,
孝顺爸奶无偌昒

【注释】 囝:孩子;爸奶:父母;无偌昒:没有多长时间。

【句意】 疼爱子女疼爱孙子时间长得很,而孝顺父母时日无多了。

【运用】 用于表述晚辈要早尽孝道。

福州方言

家庭事有商量，
老公妈恩爱长

扫码听音

【注释】　老公妈：夫妻。

【句意】　家庭里的事情互相商量，夫妻才能长久恩爱。

【运用】　用于表述夫妻俩要多交流，才能恩爱和睦。

福州方言

扫码听音

好人两其做，
一只难做人

【注释】　其：个；一只：一个人。

【句意】　相互释放善意，才能建立和谐关系，单靠一方是做不好的。

【运用】　用于表述和谐的人际关系需要双方一起维护。

福州方言

非亲有义着尊敬，
是友无情伓嗵交

扫码听音

【注释】　着：应该；伓嗵：不可以。

【句意】　虽非亲人但有情有义就应该尊敬，虽是
　　　　　友人但若无情无义就不可交往。

【运用】　用于表述人际交往时要以德行、情义为
　　　　　先，不以亲疏远近作为唯一标准。

福清方言

扫码听音

伲囝起，
大人热

【注释】　伲囝：小孩子；大人：家长。

【句意】　小孩子吵架，家长发飙。

【运用】　用于表述家长对小孩子间的矛盾处理不
　　　　　当，会造成不良后果。

福清方言

柴换炭，
齐好看

扫码听音

【注释】　柴：木柴，此处特指建房用的木料。

【句意】　谚语典故为闽侯县（原侯官县）旗山麓穷书生受烧炭老伯冬日赠炭，连续三年，老伯不求回报。书生高中状元后要盖状元府，便吩咐要多备木料，同时为老伯盖了一座大屋。状元府和老伯的大屋盖好后，状元公设宴请乡里，众乡亲前来贺喜，齐声赞道："柴换炭，齐好看也。"

【运用】　用于表述人与人之间礼尚往来，皆大欢喜，也用于倡导互助互爱的精神和滴水之恩涌泉相报的美德。

福清方言

扫码听音

做细偷摘瓟,
大哩偷牵牛

【注释】 做细：小时候；瓟：瓟瓜；大哩：大了。

【句意】 小时候偷摘一只瓟瓜，如果不加以教育，长大后就敢去偷牛。

【运用】 用于表述对小孩子要从小加强教育，防微杜渐。

好汉着人帮，
做田着好秧

扫码听音

【注释】　着：需要；做田：种田。

【句意】　一个人再厉害也需要他人的帮衬，种庄稼想要得到好收成，前提是要有好苗子。

【运用】　用于表述一个人或者事物想要发展得好，自己的素质、禀赋固然重要，但也要善于运用外部的有利条件。

主要收录有关实事求是、矛盾论等哲学思想的民谚、俗语。

扫码听音

破鼓会救月

【注释】　会：能，可以。

【句意】　破旧的鼓也救得了月亮。过去的人以为月食是天狗吃了月亮，因此敲鼓以吓走天狗。

【运用】　用于表述有些事物看似不起眼，但关键时刻也能起到不可小觑的作用。

福州方言

瓦柿也会垫桌脚

扫码听音

【注释】　瓦柿：碎瓦片。

【句意】　小瓦片也可以用来垫桌脚。

【运用】　用于表述有些东西虽然看似无用，但用到正确的地方，也能有不错的效果。用于人事则指有些人虽然看着不起眼，但若被善用，也是可以发挥大作用的。

福州方言

扫码听音

浸死好水相，
拍死拳头师

【注释】　水相：水性；拍死：打死；拳头师：武术师。

【句意】　好水性的人反而因疏忽或遇到复杂水情而淹死，拳师反而常死于拳脚争端。

【运用】　用于表述擅长某一技艺的人往往由于疏忽大意而失败，事情的演变出乎意料。用法近"阴沟里翻船"。

福州方言

嘴舌跟齿会相碰

扫码听音

【注释】　嘴舌：舌头；齿：牙齿。

【句意】　舌头和牙齿总是会有磕碰的时候。

【运用】　用于表述矛盾是客观存在的。

福州方言

扫码听音

一句话𣍐益两只人

【注释】 𣍐：不能；益：使……受益；两只人：
两个人。

【句意】 一句话不会使矛盾双方同时受益。这里
的"话"多指打官司的证词。

【运用】 用于表述矛盾的斗争性原理。一个人对
同一事物、同一事件的评价是好还是坏，
必然有一方面是占主导的，特别是涉及
一些原则性问题的表述，一定是非此即
彼，不可能出现既黑又白的矛盾表述。

福州方言

坏竹出好笋

扫码听音

【句意】　发育不良的竹子也是有可能长出好竹笋的。

【运用】　用于表述看人不能光看家庭出身，要注重其个人修养和成绩。

福州方言

扫码听音

有上岭，
有落崎

【注释】　上岭：上山；落崎：下山。

【句意】　有上山就会有下山。

【运用】　用于表述做人做事不可能一帆风顺，要
正确看待得失。也可用于表述事物发展
的道路总是曲折的。

福州方言

一样米食百种人

扫码听音

【注释】　食：吃。

【句意】　一样的米有一百种人在吃。

【运用】　用于表述世间百态，什么事都会有。生活在这世间的人，也是各不相同。虽然大家吃的是一样的，但各人性情、品格等各方面都不一样。

福州方言

扫码听音

破布包珍珠

【句意】　破布里包着珍珠。

【运用】　用于表述人不可貌相，外表不起眼，却可能是个宝。

福州方言

做盘数，
罔做罔富

扫码听音

【注释】 盘数：吃亏的、不讨好的事情；罔……
罔……：越……越……。

【句意】 有时候做吃亏的事情，反倒越做越富有。

【运用】 用于表述不必太计较个人付出，有时吃
亏也是福。

福州方言

扫码听音

一鸡死去一鸡鸣

【句意】　一只公鸡死去了，还会有另一只公鸡早起打鸣。

【运用】　用于表述人不可恃才傲物，觉得非自己不可，地球离了谁都照样转。也可引申为江山代有才人出，完全不必杞人忧天。

福州方言

有厝有厝路，
有水有水路

扫码听音

【句意】　有房子就会有通往房子的路，有水流就
　　　　　一定有航道。

【运用】　用于表述事情总会有解决的办法，不必
　　　　　杞人忧天。意近"船到桥头自然直"。

福清方言

扫码听音

拾着金龟害着命

【注释】　　金龟：金元宝。

【句意】　　捡到了金元宝却丢了性命。

【运用】　　用于表述祸福无常，意外之财要不得。
　　　　　　意近"福兮祸之所倚"。

福清方言

神仙也会拍错鼓

扫码听音

【注释】　拍：打。

【句意】　就算神仙也会打错鼓的节拍。

【运用】　用法同"人非圣贤，孰能无过"。

方略篇

主要收录表达按客观规律办事、有技巧地办事等科学工作方法的民谚、俗语。

扫码听音

凶拳无拍笑脸

【注释】　无：不；拍：打。

【句意】　拳头不打笑脸人。

【运用】　用于表述良好的态度可以化解矛盾或敌意。

福州方言

好猫管九家,
好女两头遮

扫码听音

【注释】　女：这里指出嫁的女孩；遮：掩饰缺点。

【句意】　好的猫可以顾及多户人家；好的媳妇可以两头遮掩娘家与婆家的缺点，平衡双方的矛盾。

【运用】　用于表述做事时要善于平衡各方关系。

福州方言

扫码听音

压哩鸡母伓成孵

【注释】　压哩：按着；鸡母：母鸡；伓：不。

【句意】　按着母鸡孵蛋是孵不出小鸡的。

【运用】　用于表述让别人办事不可采取强制手段，
　　　　　逼人做事反而会事与愿违。

福州方言

无鼻扁担两头绳

扫码听音

【注释】　无鼻：这里指扁担两头无钩；绳：脱落。

【句意】　用没有钩的扁担挑东西，两头掉。

【运用】　用于表述做事应当考虑周全。

福州方言

扫码听音

无饵钓鱼空思想

【注释】　思想：想。

【句意】　没有鱼饵去钓鱼只能是空想。

【运用】　用于表述开展工作前要做好充分的准备。

福州方言

羊食麦叫牛去逐

扫码听音

【注释】　逐：追逐。

【句意】　有羊偷吃麦苗，却让牛去驱赶。

【运用】　用于讽刺用人不当，于事无补。

福州方言

扫码听音

做田无命，
节气把定

【注释】　做田：种田；命：命运，运气。

【句意】　种田不是靠运气，而要按节气时令耕作。

【运用】　用于表述做事要尊重客观规律，不能蛮干。

福州方言

心急马倒退

扫码听音

【句意】 心里着急，感觉马反而在往后退。

【运用】 用于表述做事要学会控制情绪，太心急了可能适得其反。

福州方言

扫码听音

洗面洗面角，
扫厝扫厝角

【注释】　洗面：洗脸；角：角落；扫厝：打扫屋子。

【句意】　洗脸要清洗脸的边角，打扫屋子要把角落也扫干净。

【运用】　用于表述做事要注重细节。

福州方言

买针看鼻

扫码听音

【注释】　鼻：针鼻，针上供穿线的孔。

【句意】　买针关键要看针鼻是否完好，针鼻如果损坏，针就完全失去了使用价值。

【运用】　用于表述做事要抓住关键环节，或判断事物要抓住关键信息。

福州方言

扫码听音

牛面前读契

【注释】 契：契约。

【句意】 旧时买卖牛需签订契约，但对牛宣读契约则是白费功夫。

【运用】 用于讽刺做事不看对象，对牛弹琴。

福州方言

午时会做药，
未时值无钱

扫码听音

【注释】　午时：旧式计时法，指十一时至十三时；
　　　　　会：可以；未时：旧式计时法，指十三
　　　　　时至十五时；值无钱：不值钱。

【句意】　午时还能做药材的东西，未时就不值钱了。

【运用】　用于表述做事的时机非常关键。错过时
　　　　　机，就可能贻误工作。

福州方言

伓嗵遮火头，
伓嗵把门头

【注释】 伓嗵：不可以；火头：灯光；门头：门口。

【句意】 选择站位的时候要多留一个心眼，不要挡在灯火前妨碍别人照明，也不要站在门口妨碍他人通行。

【运用】 用于表述做事不要光想着自己而妨碍他人，要顾及周全。

福州方言

讨海讨海，
有汝讨，
无汝倚

扫码听音

【注释】　讨海：赶海；汝：你；无：没有；倚：依靠。

【句意】　可以讨海为生，但不能只靠这一条路。

【运用】　用于表述做事要有多种准备。

福清方言

扫码听音

一回乞鳖咬，
二回压鼎盖

【注释】　乞：给，被；鼎盖：锅盖。

【句意】　第一回被鳖咬了，第二回就懂得用锅盖
摁住。

【运用】　用法近"吃一堑，长一智"。

福清方言

水破一路流

扫码听音

【注释】　破：破开（田埂）。

【句意】　破开田埂（放水），水自然就会一路而下。

【运用】　用于表述当出现问题时，要果断采取措施，复杂问题简单化，及时疏通，就能迎刃而解。

生态篇

主要收录说明保护生态和可持续发展重要性的民谚、俗语。

扫码听音

卜抾环境好，
就着多栽树

【注释】　卜：要；抾：得到；着：要。

【句意】　要想环境好，就要多植树。

【运用】　用于说明植树造林对生态环境的重要性。

福州方言

宁可饿半死，
不可食种籽

扫码听音

【注释】 种籽：种子。

【句意】 宁可饿肚子，也不要吃种子。种子是来
年耕种收获的根本和希望，吃了种子，
不仅误了来年的耕种，也断了来年的生
活出路。

【运用】 用于说明种子对可持续生产的重要性。

福州方言

扫码听音

鼓山戴帽，
做土起饿

【注释】　戴帽：云层密布，（鼓山）像戴着帽子一般；做土：泥土匠；起饿：开始挨饿。

【句意】　鼓山上浓云密布，预示着雨要下一段时间，做土工活儿的人就要歇业挨饿了。

【运用】　用于说明自然气候条件对人类的生产生活产生重大影响。

福州方言

砍竹剃光头，
囝孙三代愁

扫码听音

【注释】　囝孙：子孙。

【句意】　把竹子全部砍光，子孙后代就无竹木可用。

【运用】　用于说明合理开发利用生态资源才能实现可持续发展的道理。

福清方言

扫码听音

三分种，
七分管；
只种无管，
拍破饭碗

【注释】　拍破饭碗：没有饭吃。

【句意】　农事耕作过程三分靠播种，七分靠田间管理。如果只种不管，那么农作物将歉收，农民也将没饭吃。

【运用】　用于说明田间管理比播种重要，也可喻指后期跟进维护比前期投入重要。

福清方言

十月小阳春，
三菜都遭瘟

扫码听音

【注释】 三菜：指紫菜、海带和鹅掌菜；遭瘟：受损。

【句意】 如果十月出现小阳春天气，那么紫菜、海带和鹅掌菜都会遭受损失。紫菜、海带和鹅掌菜等藻类植物适宜在低温的海域生长。小阳春天气预示着海水温度升高，这些藻类会腐烂，故有此说。

【运用】 用于说明自然环境变化对生产生活有重大影响。

笃行篇

主要收录表达真抓实干重要性的民谚、俗语。

扫码听音

想金想银，
囷想囷穷

【注释】　囷……囷……：越……越……。

【句意】　光想着金银财宝，却不去劳动，只会越想越穷。

【运用】　用于表述空想无用，脚踏实地才是硬道理。

福州方言

金山银山，
无拆铁锤扁担

扫码听音

【注释】　无拆：抵不上。

【句意】　金山银山，抵不上用于劳作的铁锤扁担。

【运用】　用于表述现有的财富，哪怕是金山银山，都是会消耗掉的，只有真才实干才能坚持到永远。

福州方言

天晴无拾柴，
遘雨烧脚骨

【注释】　遘雨：下雨；脚骨：腿骨。

【句意】　天气好的时候不去拾柴火，到下雨天就只好把自己的腿骨当柴烧了。

【运用】　用于劝导做事要未雨绸缪，切忌临时抱佛脚。

福州方言

做田无功夫，
俪仉脚手粗

扫码听音

【注释】 做田：种田；功夫：技巧；俪仉：只要；
脚手粗：此处喻指辛勤劳作。

【句意】 种田不需要什么技艺，只需要辛勤劳作。

【运用】 用于表述做事没有太多技巧，关键在于
辛勤的付出。

福州方言

扫码听音

卜食菜，
田头拜

【注释】　卜：想要；田头拜：这里指弯腰耕作。

【句意】　要想吃蔬菜，就得去田里辛勤耕作（而
　　　　　不是去庙里求神拜佛）。

【运用】　用于表述空想无益，只有切实的付出才
　　　　　会有收获。

福州方言

讲食龙过山，
讲做会打单

扫码听音

【注释】 龙过山：喻指手舞足蹈；打单：跟跄。

【句意】 说起吃东西就手舞足蹈、兴高采烈，说起干活儿就吓得跟跄。

【运用】 用于批评那些好吃懒做的人。

福州方言

扫码听音

做梦拍天下，
清醒无一下

【注释】　拍：打；无一下：啥都不做，啥都不会。

【句意】　梦里能拳打天下，醒来却没一点儿本事。

【运用】　用于打趣某些人只会空想，没有真本事。

福州方言

全家勤，
田头厝角出金银

扫码听音

【注释】　厝角：屋里的角落。

【句意】　全家都勤快，田头屋角都可以利用起来致富。

【运用】　用于表述勤劳创造财富。

福州方言

扫码听音

无禁无忌，
做事就是

【句意】 很多没有科学依据的民间禁忌，令人无
所适从，何不干脆无所忌讳，只管做事
就是了。

【运用】 用于表述做事不必顾忌重重，只管放手
去干。

福州方言

碎食赠饱，
碎做无工

扫码听音

【注释】　碎食：零食；赠饱：吃不饱；碎做：零
　　　　　敲碎打地做；工：劳动成效。

【句意】　靠零食是吃不饱的，靠零敲碎打的工作
　　　　　是出不了劳动成果的。

【运用】　用于表述要做成一件事，就要全力以赴。

福清方言

扫码听音

未学行，先学飞

【注释】　行：行走；飞：借指跑。

【句意】　还没学会走路，就要先学跑步。

【运用】　用于表述做事要循序渐进。

福清方言

起三早，
当一工

扫码听音

【注释】　当：相当于；一工：一天。

【句意】　早起三个早上，相当于多出一天的时间。

【运用】　用于表述要珍惜时间，善于利用时间。

廉洁篇

主要收录表达廉洁从政重要性的民谚、俗语。

扫码听音

贪合适，
去倒长

【注释】　合适：合算；去倒长：反而损失更多。

【句意】　因为贪小便宜，结果损失了更多。

【运用】　用于批评某些人过于贪心，因小失大。

福州方言

贪多嚼𣍐烂

扫码听音

【注释】　𣍐：不会。

【句意】　一口吃太多反而嚼不烂。

【运用】　用于比喻工作或学习不宜过于求大求全，
否则做不好或吸收不了。

福州方言

扫码听音

牛尾獪遮牛股川

【注释】　獪：不能；股川：屁股。

【句意】　牛尾巴遮不住牛屁股。

【运用】　用于表述丑事是遮盖不住的。意近"欲
　　　　　盖弥彰"。

福州方言

一回做贼囝，
百回乞人疑

扫码听音

【注释】　贼囝：小偷；乞：给，被。

【句意】　一次做贼，就会百次被人怀疑。

【运用】　用于表述要守住自己的底线，不做坏事，因为做一次坏事可能就会毁了别人对自己的信任。

扫码听音

食十年长斋，
俪使一头虾米丁

【注释】　俪使：只用；头：只；虾米丁：小虾米。

【句意】　吃了整整十年的长斋，却只要一只虾米
　　　　就前功尽弃。

【运用】　用于表述防微杜渐的道理，一个小小的
　　　　疏忽，就可能导致前功尽弃。

福州方言

田螺因为嘴，
股川生青苔

扫码听音

【注释】　股川：屁股。

【句意】　田螺因为嘴巴贪吃，长期泡在水里，屁
股都长了青苔。

【运用】　用于批评有些人贪恋富贵，顾此而失彼。

福清方言

扫码听音

天地有目睭

【注释】　目睭：眼睛。

【句意】　天地有眼睛。

【运用】　用法近"苍天有眼""天网恢恢，疏而不漏"。

福清方言

贪九十九，
去一百零一

扫码听音

【注释】　去：损失。

【句意】　贪了九十九，却损失了一百零一。

【运用】　用于表述因为贪心，注意力集中在所贪之物上，而忽视了其他更重要的东西，因此反而受害，得不偿失。

福清方言

贪食鲀鼓去条命

扫码听音

【注释】　鲀鼓：河豚，味道鲜美，有毒性。

【句意】　因贪吃鲀鱼丢了性命。

【运用】　用于表述贪图一时之快而不计后果。

福清方言

食人一盏酒，
心间结一纽

扫码听音

【注释】　食：吃，喝；心间：心里头；纽：疙瘩。

【句意】　喝了人家一盏酒，心里头总是惦记着，
有个疙瘩。

【运用】　用于表达不要违背原则。意近"吃人的
嘴软"。

福清方言

扫码听音

鸭卵再密，
三十日也会出孵

【注释】　出孵：孵出（小鸭）。

【句意】　鸭蛋虽然密不透风，但三十天后还是会
　　　　　孵出小鸭的。

【运用】　用于表述如果内在的条件具备，假以时
　　　　　日，就一定会有相应的结果产生。

福清方言

关门恰强关嘴

扫码听音

【注释】　恰强：比……强，强于。

【句意】　关好门户，免得因为失盗，引起邻里纠纷。

【运用】　可用于表述提前查找封堵风险点、扎紧制度的笼子，强过于造成损失后追究责任。

后　记

　　谚语是广大人民群众在漫长的生产生活中不断总结和凝炼的语言。其俗在于"通"，因为由经验而来，说的是身边事物，借喻来自日常，所以有情趣、通人情，因而更能让人会心；其雅在于"理"，因为要表达更加普遍的意义和推广更加核心的价值，所以借以传道、论道、说道，因而引人入胜，发人深省。人民群众就是这样在日常交谈、交往中传递着对真、善、美的理解与追求。中华文化精神和社会核心价值观就是依托这样的载体，为人民群众日用不绝，甚至不觉。

　　福建地处我国东南，在长期的历史演进中，区域文化形成的生活经验、风土人情、习俗观念等大量信息作为文化基因沉淀在方言谚语、俗语之中。这些看似零碎、朴实，实则洗练、深刻的民谚俗语，凝结着闽人在千百年来形成的经验知识、社会规矩、人生启示、朴素思辨，携带着恒久的群体记忆和广泛的思想认同，承载着悠久而璀璨的"闽人智慧"。在用来析事明理时，运用一两句经典民谚俗语，往往能够起到迅速引发共鸣、令人心领神会的效果。

　　福建省委宣传部、省委讲师团组织编写的"闽人智慧：言之有理"丛书，将那些闪耀哲理光芒、富有理论魅力、契合新时代精神的民谚俗语收集、提取出来，并进行融媒体加工，通过深入的调查研究，去粗存精、好中选优，让它们世世代代传承下去。

考虑到福建方言具有多中心的特点，丛书以全省九个设区市及平潭综合实验区作为方言代表点，编写十本分册，每本分册对当地主要方言谚语都有收集。册内篇章分信念、立场、民本、劝学、为善、辩证、方略、生态、笃行、廉洁十个篇目，便于读者使用。

著名方言专家、福建师范大学文学院原教授、博士生导师陈泽平担任丛书的策划、审订工作。在全省各地党委宣传部门、党委讲师团和各地方言专家、学者的协同努力下，编委会选定了近千条具有浓厚方言特色和时代意义的民谚条目，并进行篇目分类，组织编写注释、句意和运用。遗憾的是，陈泽平教授在完成书稿审订工作后不久因病辞世。

我们还邀请各地方言专家为所有方言条目录制慢速和正常语速两种音频，在书中每个方言条目边上配二维码，使之更加便于读者的学习使用。由于各地方言的特殊性，能读懂、读清楚这些方言的专家年纪都不小，有的专家虽然行动不便，仍坚持在录音棚里一遍遍地录音，直到录得满意的音频。书稿编辑完成后，著名语言学家、厦门大学中国语言文学系教授、博士生导师、福建省语言学会原会长李如龙和著名文史学家、福建省文史研究馆原馆长卢美松分别从方言学角度和文史学、社会学等角度对丛书给予充分肯定并向广大读者推荐本丛书。在此，我们向以上专家对本书作出的贡献表示诚挚的感谢，对作出重要贡献却未能见到本丛书面世的陈泽平教授表示深切缅怀。

相信本丛书的出版对于广大读者从方言谚语中了解当地习俗典故、传承优秀传统文化、习得"闽人智慧"和增强文化自信，都具有现实意义。

由于福建方言繁复而庞杂，即使在同一方言区里，不同县市、乡镇的方言也各有差异，囿于篇幅，书中存在的不足和疏漏之处，敬请大家批评指正。

本书编委会

2023 年 12 月

鸣　谢

　　"闽人智慧：言之有理"丛书在编写过程中得到了各设区市党委宣传部、讲师团和平潭综合实验区党工委宣传与影视发展部的大力支持！参与本丛书编写、修改或音频录制工作的人员名单如下：

福州卷

陈日官　　张启强　　高迎霞　　张　武　　黄　晓
蔡国妹　　陈则东　　唐若石　　许博昕　　林　静

厦门卷

周长楫　　刘宏宇　　江　鹏　　张　琰　　柯雯琼

漳州卷

黄瑞土　　王叶青　　郭外青　　蔡榕泓

泉州卷

郭丹红　　郭焕昆　　蔡俊彬　　林达榜　　吴明兴
熊小敏　　王建设　　蔡湘江　　朱媞媞

三明卷

肖永贵　　邓衍淼　　邓享璋　　肖平军　　夏　敏
邓丽丽　　陈　卓　　邱泽忠　　陈　丹　　林生钟

莆田卷

苏志军　　刘福铸　　林慧轻　　林　杰　　林盈彬
黄　键

南平卷

肖红兵　黎　玲　黄新阳　吴传剑　黄秀权
程　玲　徐　敏　黄丽娟　祝　熹　杨家茂
林培娜　徐跃红　徐文亮　吴雪灏　陈灼英
施　洁　谢元清　郑丽娜　姜　立　谢梦婷

龙岩卷

陈汉强　杨培武　陈大富　苏志强　谢绍添

宁德卷

王春福　吴海东　罗承晋　林毓秀　林毓华
钟神滔　吴德育　陈玉新　刘文杰

平潭卷

詹立新　李积安　林贤雄　林祥鹭

特此致谢！

本书编委会
2023 年 12 月

图书在版编目（CIP）数据

闽人智慧：言之有理. 福州卷 / 中共福建省委宣传部，中共福建省委讲师团编 . --福州：福建人民出版社，2023.12
ISBN 978-7-211-08862-1

Ⅰ.①闽… Ⅱ.①中… ②中… Ⅲ.①汉语方言—俗语—汇编—福州 Ⅳ.①H177.2

中国版本图书馆 CIP 数据核字（2022）第 051804 号

闽人智慧：言之有理（10 册）
MINREN ZHIHUI：YANZHI YOULI

作　　者：中共福建省委宣传部　中共福建省委讲师团
责任编辑：周跃进　李雯婷　孙　颖
美术编辑：白　玫
责任校对：林乔楠
出版发行：福建人民出版社　　　　　电　　话：0591-87533169（发行部）
地　　址：福州市东水路 76 号　　　　邮　　编：350001
网　　址：http://www.fjpph.com　　电子邮箱：fjpph7211@126.com
经　　销：福建新华发行（集团）有限责任公司
装帧设计：雅昌（深圳）设计中心　　冼玉梅
印　　刷：雅昌文化（集团）有限公司
地　　址：深圳市南山区深云路 19 号
电　　话：0755-86083235
开　　本：889 毫米×1194 毫米　　　1/32
印　　张：37.25
字　　数：255 千字
版　　次：2023 年 12 月第 1 版　　　2023 年 12 月第 1 次印刷
书　　号：ISBN 978-7-211-08862-1
定　　价：268.00 元（全 10 册）